딩 딩 바 이 블 청 소 년 양 육 시 리 즈

양육 2년차 3

왜 사니?

| 이 대 희 지 음 |

예즈덤성경교육원 편

엔크리스토

저자 이대희 목사

장로회신학대학교 신학대학원(M.Div)과 연세대학교 연합신학대학원(Th.M)을 졸업하고 에스라성경대학원대학
교에서 성경학박사(D.Litt) 과정을 마쳤다. 예장총회교육자원부 연구원과 서울장신대 교수와 겸임교수를 역임
했으며, 분당에 소재한 대안학교인 독수리 기독중고등학교에서 청소년에게 성경을 수년 동안 가르쳤다. 극동
방송에서 〈알기 쉬운 성경공부〉 〈기독교 이해〉 〈크리스천 가이드〉 〈전도왕백서〉 〈습관칼럼〉 등 신앙양육 프
로그램을 진행했다. 저자는 성경공부와 성경교육 전문사역자로 지난 25여 년 동안 성서사람 · 성서교회 · 성서
한국 · 성서나라의 모토를 가지고 한국적 성경교육과 실천사역을 위한 집필과 세미나, 강의사역 등을 하고 있
다. 현재 바이블미션 대표와 예즈덤성경교육원 원장, 꿈을주는교회 담임목사로 있다. 저서로는 『30분 성경공
부』 시리즈, 『아름다운 십대 성경공부』 시리즈, 『투데이 성경공부』 시리즈, 『틴꿈십대 성경공부』 시리즈, 『인
성과 창의력을 중시하는 유대인의 탈무드식 자녀교육법』, 『이야기대화식 성경연구』, 『성품성경공부』 시리즈,
『맛있는 성경공부』, 『맥잡는 기도』, 『전도왕백서』, 『자녀 축복 침상 기도문』, 『누구나 쉽게 배우는 쉬운 기도』,
『예즈덤 성경영재교육』, 『크리스천이여 습관부터 바꿔라』 등 200여 권의 저서가 있다.
e-mail: ckr9191@hanmail.net

딩딩바이블 청소년 양육 시리즈 **왜 사니?**

초판1쇄 발행일 | 2014년 12월 15일

지은이 | 이대희
펴낸이 | 김학룡
펴낸곳 | 엔크리스토
마케팅 | 이동석, 오승호
관리부 | 김동인, 신순영, 정재연, 한호연

출판등록 | 2004년 12월 8일(제2004-116호)
주 소 | 경기도 고양시 일산동구 장대길 74-10
전 화 | (031) 906-9191   팩 스 | (0505) 365-9191
이메일 | 9191@korea.com
공급처 | 기독교출판유통

ISBN 979-11-5594-015-0 04230

* 잘못된 책은 바꾸어 드립니다.
* 책값은 뒤표지에 있습니다.

* 이 교재의 사용방법 · 내용 · 교육 · 강의와 세미나에 대한 문의는 예즈덤성경교육원(02-403-0191, 010-
2731-9078. http://cafe.naver.com/je66)으로 해주세요. 카페에 각과 내용에 대한 동영상 강의 자료가
있습니다. 참고하시기 바랍니다. 매주 월요일에 엔크리스토 성경대학 지도자 훈련코스가 있습니다(개관반
· 책별반 · 주제반 · 성경영재교육반). 1년에 4학기(봄, 여름, 가을, 겨울)로 운영됩니다.

딩딩바이블 청소년 양육 시리즈를 펴내면서…

딩딩바이블은 그동안 10여 년 넘게 한국 교회 베스트 교재로 많은 사랑을 꾸준히 받아 온 〈아름다운 십대 성경공부〉 시리즈를 보완 발전시켜 새로운 모습으로 탄생된 청소년 양육 시리즈입니다. 지금 한국 교회는 다음 세대를 키우지 못하면 미래가 없습니다.

다음 세대를 효과적으로 키우는 데 딩딩바이블 청소년 양육 시리즈는 크게 기여할 것입니다. 그동안 교회 안에서만 이루어졌던 말씀 교육을 발전시켜 가정, 학교, 생활(주일, 주말, 주간, 방학)을 통합하여 전인적인 교육을 이루는 데 초점을 두었습니다. 세상을 이기기 위해서는 부분보다 통합적, 지식보다 지혜 중심의 양육이 필요합니다.

특히 청소년 시기는 인생과 신앙의 기초를 다져주는 아주 중요한 때입니다. 이때에 꼭 필요한 과정을 잘 양육하면 평생 승리하는 인생을 살 수 있습니다. 청소년들의 눈높이에 맞추어 흥미롭게, 간단하고 쉽게, 깊고 명료하게 삶의 실천을 염두에 두고 전체 내용을 구성했습니다. 5천 년 동안 성경교육으로 세계를 지배하고 있는 유대인의 성경 탈무드 교육보다 더 나은(마 5:20) 한국인에 맞는 복음적인 말씀양육 시리즈가 되길 기도합니다.

저자 이대희

•딩딩바이블 청소년 양육 시리즈 특징•

1. 말씀 중심이다 성경 구절을 찾는 인위적 공부방식에서 탈피하여 본문을 중심으로 성경 전체를 핵심구절로 연결하여 하나님의 본래 의도를 찾도록 구성되었습니다.

2. 흥미롭다 도입 부분을 십대들의 관심에 맞추어 흥미로운 만화와 삽화로 구성하여 시각적 효과를 높였습니다. 그림과 질문은 닫힌 마음을 열게 하는 효과가 있습니다.

3. 쉽다 성경공부를 설명식(헬라식)으로 하면 점점 어려워집니다. 그러나 본문 속에서 질문식(히브리식)으로 하면 누구나 쉽게 답할 수 있습니다. 교사가 일방적으로 주입하는 가르침이 아닌 본문의 말씀이 말하는 것을 듣는 방식으로 구성되었기에 교사와 학생이 모두 쉽게 공부할 수 있습니다. 내가 말씀을 보는 것이 아니라 말씀이 나를 보게 해야 합니다.

4. 단순하다 6개의 질문(관찰: 4개, 해석: 1개, 적용: 1개)으로 누구나 즐겁게 성경공부에 참여할 수 있습니다. 30분 내외의 분반 시간에 끝낼 수 있도록 구성했습니다. 상황에 따라 꼬리질문을 확장할 수 있습니다.

5. 깊다 깊은 질문으로 말씀의 은혜를 경험할 수 있고 시간이 갈수록 말씀 속으로 빠져듭니다. 해석 질문은 영혼의 깨달음을 갖게 합니다(보통 십대 교재는 해석질문이 없습니다. 여기서 대화를 통한 깊은 나눔을 할 수 있습니다).

6. 균형있다 십대에 필요한 핵심 주제와 다양한 양육영역(성경·복음·정체성·신앙·생활·인성·공부·인물·습관)을 골고루 제시하여 균형잡힌 신앙성장을 갖도록 했습니다.

7. 명료하다 현실적으로 짧은 성경공부 시간에 여러 가지 내용을 다룰 수 없기에 한 가지 핵심적인 내용을 명료하게 다루어 분반 공부 효과를 극대화 하도록 했습니다.

8. 공부도 해결한다 성경공부를 통해 신앙과 더불어 학교공부(사고력·논리력·분석력·집중력·분별력·상상력)도 함께 키울 수 있도록 구성되었습니다.

9. 다양하다 주5일근무제에 맞추어 주일 분반공부, 토요주말학교, 가족밥상머리교육, 제자훈련 등 다양하게 사용할 수 있습니다.

10. 전인적이다 주일 하루만 하는 교육이 아니라 가정, 교회, 학교와 주일, 주말, 주간, 방학, 성인식을 통합하여 전 삶의 차원에서 적용할 수 있는 양육과정입니다.

•성경공부 진행 방법•

- 🧒 **마음열기** 시작하기 전에 그림과 만화를 통해 공부할 주제를 기대감과 흥미를 갖게 합니다.
- 🧒 **말씀과 소통하기** 오늘 성경본문에 대한 네 가지 질문을 하면서 본문과 소통을 합니다.
- **⚫POINT 포인트** 해당 본문의 핵심을 간단하게 정리해 줍니다.
- 🧒 **말씀과 공감하기** 본문 말씀 내용 중에 생각해야 할 문제를 관계된 다른 성경구절 (말씀Tip)을 통하여 깊은 깨달음을 얻도록 돕는 과정입니다.
- 🧒 **삶에 실행하기** 깨달은 말씀의 교훈을 개인의 삶에 적용합니다.
- 🧒 **실천을 위한 Tip** 삶 속에서 실천할 수 있도록 구체적인 지침을 제공합니다.

|교회와 가정과 학교(주일·주말·주간·방학)를 통합한 1318 전인교육|

•딩딩바이블 청소년 양육 시리즈 전체 양육과정표•

중·고등부 6년 과정에 맞추어 4개 코스로 구성되었습니다. 양육 코스는 3년, 심화 코스는 3년, 성장 코스는 자유롭게 사용하도록 구성했습니다.
이것은 주간에 자기 주도적으로 습관화 하는 과정입니다. 성숙 코스는 방학에 사용하는 캠프용과 십대과정을 마무리하는 성인식이 있습니다.
'복음 코스'와 '성경 코스'는 교사와 학생이 공통으로 할 수 있는 특별과정입니다.

| 양육 코스 |

구분	코스	영역		1년차	2년차	3년차
주일	양육	1	복음	예수십대	복음뼈대	신앙원리
		2	정체성	나는 누구야	가치관이 뭐야	비전이 뭐야
		3	신앙	왜 믿니?	왜 사니?	왜 교회 나가니?
		4	생활	십대를 창조하라	유혹을 이겨라	세상을 리드하라

| 심화 코스 |

구분	코스	영역		1년차	2년차	3년차
주일 (주말)	심화	1	Q.A	신앙이 궁금해	교리가 궁금해	성경이 궁금해
		2	인성	인간관계 어떻게?	중독탈출 어떻게?	창의인성 어떻게?
		3	공부	공부법 정복하기	학교공부 뛰어넘기	인생공부 따라잡기
		4	인물	하나님人	예수人	성령人

| 성장 코스(자기주도 코스) |

구분	코스	영역		1년차	2년차	3년차
주일 (주말, 주간)	자기 주도	1	영성	말씀생활 읽기, 암송, 큐티	기도생활 기도, 대화	전도생활 증거, 모범
		2	습관	생활습관 음식, 수면, 운동	공부습관 공부, 시간, 플래닝	태도습관 태도, 성품

| 성숙 코스(마무리 코스) |

구분	코스	영역		1년차	2년차	3년차
방학	캠프	1	영재	신앙과 공부를 함께 해결하는 크리스천 영재 캠프 (3박4일)		
전체	성인식	2	전인	중등부·고등부 (성인식 통과의례 1, 2) - 예수사람 만들기		

• 복음 코스(교사와 학생 공통) •

구분	코스	영역	공통과정
모든 세대	복음	새신자	한눈으로 보는 복음 이야기 (새신자 양육)
		불신자	세상에서 가장 복된 소식 당신은 아십니까? (대화식 전도지)

• 성경 코스(교사와 학생 공통) •

구분	코스	영역	공통과정
모든 세대	성경	구약	단숨에 꿰뚫는 구약성경관통
		신약	단숨에 꿰뚫는 신약성경관통

차례

하나님의 자녀답게 살라

『왜 사니?』는 십대의 일상생활 속에서 일어나는 여러 가지 문제와 고민을 성경적인 근거와 방향을 찾아 말씀대로 실천하기 위한 내용으로 구성되었습니다. 친구, 공부, 커닝, 스승, 공동체, 섬김, 인기, 유행, 정직, 선교 등의 주제를 다루고, 이 주제에 대한 성경적인 원리를 적용하여 스스로 문제를 해결하도록 했습니다. 문제를 함께 생각해 보고 나누고 토론하면서 성경적인 해결을 모색하면 유익한 시간이 될 것입니다.

인생에 닥치는 문제들을 하나님의 자녀답게 해결하려고 노력하는 것은 큰 의미가 있습니다. 성경대로 살지 않으면 세상의 유행과 습관대로 살게 됩니다. 관심 있는 주제들을 성경 속에서 살펴보면서 깊이 생각하십시오. 이는 우리 영적 생활에 도움이 되고 평생 삶의 나침반 역할을 할 것입니다.

현재 나의 삶을 정직하게 점검하고, 앞으로의 방향을 설정하며 그것을 삶에 적용하는 능력을 키우는 시간이 되면 좋을 것입니다.

우리 중에 누구든지 자기를 위하여 사는 자가 없고 자기를 위하여 죽는 자도 없도다
우리가 살아도 주를 위하여 살고 죽어도 주를 위하여 죽나니
그러므로 사나 죽으나 우리가 주의 것이로다(롬 14:7-8)

01

친구

 마음열기

• 다음의 질문에 나의 생각을 자유롭게 이야기해 보십시오.

1. 왜 친구가 필요합니까?

2. 친한 친구 세 명의 이름을 적어 보십시오. 아울러 왜 친한지 그 이유를
   말해 보십시오.

3. 진정한 친구의 조건 세 가지를 말해 보십시오.

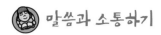

말씀과 소통하기

•사무엘상 18:1-5을 읽으세요.

1 다윗이 사울에게 말하기를 마치매 요나단의 마음이 다윗의 마음과 하나가 되어 요나단이 그를 자기 생명 같이 사랑하니라
2 그 날에 사울은 다윗을 머무르게 하고 그의 아버지의 집으로 다시 돌아가기를 허락하지 아니하였고
3 요나단은 다윗을 자기 생명 같이 사랑하여 더불어 언약을 맺었으며
4 요나단이 자기가 입었던 겉옷을 벗어 다윗에게 주었고 자기의 군복과 칼과 활과 띠도 그리하였더라
5 다윗은 사울이 보내는 곳마다 가서 지혜롭게 행하매 사울이 그를 군대의 장으로 삼았더니 온 백성이 합당히 여겼고 사울의 신하들도 합당히 여겼더라

1. 요나단과 다윗은 어떤 친구입니까?(1)

2. 다윗과 요나단은 어떤 마음으로 언약을 맺었습니까?(2-3)

3. 지위가 있는 요나단은 다윗을 어떻게 대했습니까?(4)

4. 다윗이 가는 곳마다 어떤 일이 일어났습니까?(5)

•POINT•

다윗과 요나단은 인간적인 친구 관계를 넘어 하나님의 뜻에 따라 언약을 맺은 사이
입니다. 이 언약은 생명보다 더 우선하는 것으로 세상적인 기준을 넘어섭니다. 하나
님의 사랑에 사로잡힌 영원한 친구입니다. 마치 주님이 우리를 위해 목숨을 주면서
사랑한 관계와 같습니다.

말씀과 공감하기

1. 요나단은 다윗을 어떻게 사랑하며 우정의 관계를 가졌습니까?(참고, 삼상
   18:1, 3, 20:17) 다윗은 나중에 요나단의 아들에게 어떤 사랑을 베풀었습니
   까?(참고, 삼상 20:41-42; 삼하 9:1-3)

다윗에 대한 요나단의 사랑이 그를 다시 맹세하게 하였으니 이는 자기 생명을
사랑함 같이 그를 사랑함이었더라(삼상 20:17)

요나단이 다윗에게 이르되 평안히 가라 우리 두 사람이 여호와의 이름으로 맹세
하여 이르기를 여호와께서 영원히 나와 너 사이에 계시고 내 자손과 네 자손 사
이에 계시리라 하였느니라 하니 다윗은 일어나 떠나고 요나단은 성읍으로 들어
가니라(삼상 20:42)

내 계명은 곧 내가 너희를 사랑한 것 같이 너희도 서로 사랑하라 하는 이것이니
라 사람이 친구를 위하여 자기 목숨을 버리면 이보다 더 큰 사랑이 없나니 너희
는 내가 명하는 대로 행하면 곧 나의 친구라(요 15:12-14)

 **삶에 실행하기**

1. 나는 친구를 어떤 마음으로 사귑니까? 내가 생각하는 참된 친구의 조건을 정리해 보십시오.

실천을 위한 Tip

 나의 친구는 어떤 사람입니까?

친구를 위해 나의 모든 것을 바치는 우정은 아름답고 고귀합니다. 현재 친구와의 우정을 방해하는 요인은 무엇인지 말해 보십시오.

-나를 이용하려 한다 (　　　　　　　　　　　　　　　　　)

-나를 무시한다 (　　　　　　　　　　　　　　　　　　　)

-교만하다 (　　　　　　　　　　　　　　　　　　　　　)

-정직하지 못하다 (　　　　　　　　　　　　　　　　　　)

-약속을 자주 어긴다 (　　　　　　　　　　　　　　　　　)

-배려가 부족하다 (　　　　　　　　　　　　　　　　　　)

-화를 자주 낸다 (　　　　　　　　　　　　　　　　　　　)

사람이 친구를 위하여 자기 목숨을 버리면 이보다 더 큰 사랑이 없나니(요 15:13)

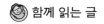

참된 친구의 세 가지 조건

　십대 시기는 많은 부분이 친구에게 좌우됩니다. 혼자서 살 수 없기에 더욱 함께 도울 친구가 필요합니다. 많은 친구를 사귀는 것보다는 좋은 친구를 사귀는 것이 중요합니다. 서로 상하 관계가 될 때는 좋은 친구가 될 수 없습니다. 좋은 친구는 동등한 관계입니다. 이런 의미에서 하늘의 보좌를 버리고 낮은 곳에 오셔서 사람과 같이 되신 예수님은 우리가 사귀어야 할 최고의 친구입니다. 적어도 좋은 친구가 되기 위해서는 다음의 세 가지 조건이 충족되어야 합니다.

첫째, 조건 없는 순수한 우정이 있어야 합니다.
　무조건적인 관계가 되어야지 조건적인 사이가 되면 그 우정은 오래 가지 못합니다. 친구를 위장하여 이용하려는 나쁜 사람들이 우리 주위에는 많이 있습니다. 계산적인 친구 관계는 더욱 힘들게하고 상처를 주기에 피해야 합니다.

둘째, 눈앞의 이익과 개인적인 안락보다는 더욱 큰 목표와 이상을 가지고 그것을 이루기 위한 관계가 되어야 합니다. 하나님 나라 건설의 이상을 가지고 사귈 때 세상적인 문제를 뛰어넘을 수 있습니다.

셋째, 언제나 믿음 속에서 친구를 맺어야 합니다. 하나님을 믿는 믿음이 있을 때 비로소 참된 우정을 꽃피울 수 있습니다. 본질적으로 믿는 자는 믿지 않는 자와 멍에를 함께 멜 수 없습니다. 인간의 노력으로는 친구 관계를 돈독하게 하지 못합니다. 하나님이 개입하셔야 합니다. 그러므로 진정한 친구는 그리스도 안에서 사귀는 친구입니다.

　이것을 모두 충족시키는 모델은 예수님이십니다. 우리를 위해 아무 조건 없이 생명을 버리신 예수님은 우리가 사귀어야 할 최고의 친구입니다. 지금 사귀고 있는 친구도 예수님을 모델로 삼아 서로 점검하면서 우정을 지속해 나가야 합니다. 서로가 좋은 친구가 되기 위해서 노력해야 합니다.

02

공부

 마음열기

-왜 공부해야 한다고 생각합니까?

-내가 가장 하기 싫은 공부는 무엇입니까?

-학창 시절이 나에게 주어진 이유는 무엇입니까?

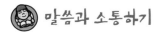 말씀과 소통하기

•전도서 12:9-14을 읽으세요.

9 전도자는 지혜자이어서 여전히 백성에게 지식을 가르쳤고 또 깊이
  생각하고 연구하여 잠언을 많이 지었으며
10 전도자는 힘써 아름다운 말들을 구하였나니 진리의 말씀들을 정직
  하게 기록하였느니라
11 지혜자들의 말씀들은 찌르는 채찍들 같고 회중의 스승들의 말씀들
  은 잘 박힌 못 같으니 다 한 목자가 주신 바이니라
12 내 아들아 또 이것들로부터 경계를 받으라 많은 책들을 짓는 것은
  끝이 없고 많이 공부하는 것은 몸을 피곤하게 하느니라
13 일의 결국을 다 들었으니 하나님을 경외하고 그의 명령들을 지킬지
  어다 이것이 모든 사람의 본분이니라
14 하나님은 모든 행위와 모든 은밀한 일을 선악 간에 심판하시리라

---

1. 전도자가 백성에게 한 일은 무엇입니까?(9)

2. 전도자가 힘써 가르치고 기록한 것은 무엇입니까? 진리의 말씀의 특징은
   무엇입니까?(10-11)

3. 세상적인 공부의 특징은 무엇입니까?(12)

4. 세상에서 가장 중요한 공부는 무엇입니까?(13-14)

●POINT●

세상에서 가장 중요한 공부는 하나님 공부입니다. 세상 공부는 기술을 가르치는 것
이 대부분입니다. 그러나 하나님 공부는 영성과 인성에 대한 공부입니다. 하나님을
경외하는 공부가 사람을 행복하게 하고 영원히 지속됩니다.

말씀과 공감하기

1. 청소년기는 공부하는 시기입니다. 어떤 공부를 해야 하며 왜 공부해야 하는지 그리고 어떤 자세로 해야 하는지 이야기해 보십시오.(참고, 딤후 2:15; 고전 10:31, 33)

너는 진리의 말씀을 옳게 분별하며 부끄러울 것이 없는 일꾼으로 인정된 자로 자신을 하나님 앞에 드리기를 힘쓰라(딤후 2:15)

그런즉 너희가 먹든지 마시든지 무엇을 하든지 다 하나님의 영광을 위하여 하라 (고전 10:31)

나와 같이 모든 일에 모든 사람을 기쁘게 하여 자신의 유익을 구하지 아니하고 많은 사람의 유익을 구하여 그들로 구원을 받게 하라(고전 10:33)

삶에 실행하기

1. 현재 나의 공부를 방해하는 장애물은 무엇입니까? 학교 공부와 세상 공부와 하나님 공부를 어떻게 조화시켜야 할지 나의 생각을 말해 보십시오.

실천을 위한 Tip

모든 것이 공부다

- 스스로 하는 공부가 가장 좋은 학습 방법입니다. 누가 시키지 않아도 공부가 좋아서 하는 사람은 공부를 즐깁니다. 학교 공부가 전부는 아닙니다. 우리가 사는 모든 것이 공부입니다. 내가 한 주간 동안에 공부해야 할 내용을 적어 보십시오.

  -집안에서:

  -학교에서:

  -친구 관계에서:

  -교회에서:

  -개인적으로:

03

커닝

 ## 마음열기

1. 다음 물음에 답해 보십시오.

　-사람들은 왜 커닝을 할까요?

　-커닝을 할 때 나의 마음은 어떠합니까? 커닝이 주는 문제점은 무엇입니
　　까?

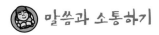 **말씀과 소통하기**

• 출애굽기 20:14-17을 읽으세요.

14 간음하지 말라

15 도둑질하지 말라

16 네 이웃에 대하여 거짓 증거하지 말라

17 네 이웃의 집을 탐내지 말라 네 이웃의 아내나 그의 남종이나 그의
  여종이나 그의 소나 그의 나귀나 무릇 네 이웃의 소유를 탐내지 말라

1. 간음이란 무엇이며 이것에 대해 그리스도인은 어떤 자세를 가져야 합니까?(14)

2. 그리스도인이 하지 말아야 할 것은 무엇입니까?(15)

3. 다른 사람과의 관계에서 우리가 금해야 할 내용은 무엇입니까?(16)

4. 우리는 이웃에 대해서 어떻게 해야 합니까?(17)

　-집:

　-사람:

　-소유:

•POINT•

간음, 도적질, 거짓 증거, 탐심 등은 모두 다른 사람에게 피해를 주는 공통의 특징을 갖고 있습니다. 사랑은 자기의 유익을 구하는 것이 아닙니다. 커닝은 부정직의 첫걸음입니다. 바늘 도둑과 같은 작은 행동인 것 같지만 이것이 습관화되면 나중에는 소도둑처럼 큰 죄를 행하게 됩니다.

1. 14-17절에서 공통적으로 발견되는 특징은 무엇입니까? 커닝은 하나님과 자신과 이웃을 속이는 행위입니다. 이것이 습관화되면 나중에 어떻게 됩니까? 왜 사람들은 이런 유혹에 빠지게 되는지 말해 보십시오.(참고, 요 8:44; 렘 17:9; 살후 3:8, 10)

너희는 너희 아비 마귀에게서 났으니 너희 아비의 욕심대로 너희도 행하고자 하느니라 그는 처음부터 살인한 자요 진리가 그 속에 없으므로 진리에 서지 못하고 거짓을 말할 때마다 제 것으로 말하나니 이는 그가 거짓말쟁이요 거짓의 아비가 되었음이라(요 8:44)

만물보다 거짓되고 심히 부패한 것은 마음이라(렘 17:9)

누구에게서든지 음식을 값없이 먹지 않고 오직 수고하고 애써 주야로 일함은 너희 아무에게도 폐를 끼치지 아니하려 함이니…우리가 너희와 함께 있을 때에도 너희에게 명하기를 누구든지 일하게 싫어하거든 먹지도 말게 하라(살후 3:8, 10)

삶에 실행하기

1. 커닝도 습관입니다. 나는 커닝한 경험이 있습니까? 커닝의 유혹을 이기기
   위한 지침을 말해 보십시오.

   -

   -

   -

실천을 위한 Tip

커닝의 유혹에서 벗어나라

• 다음은 커닝을 이기기 위한 효과적인 지침입니다. 내가 당장 실천
  할 수 있는 것을 표시해 보십시오.

  -커닝은 하나님과 남을 속이는 것으로 죄라는 인식을 갖도록 합니다.
   (   )
  -커닝의 유혹을 이기기 위해 좋지 않은 환경을 차단합니다(예, 앞자리에
   앉는다).(   )
  -평소에 최선을 다해 공부합니다.(   )
  -있는 그대로 정직하게 평가받는 것을 배우도록 합니다.(   )
  -지금의 모습이 미래의 모습이라고 생각합니다.(   )
  -시험을 통해 정직하게 자신을 점검하는 기회로 삼습니다.(   )

스승

 마음열기

1. 좋은 스승과 좋은 제자가 되기 위한 자격이 무엇인지 이야기해 보십시오.

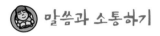

• 누가복음 5:1-11을 읽으세요.

1 무리가 몰려와서 하나님의 말씀을 들을새 예수는 게네사렛 호숫가
　에 서서
2 호숫가에 배 두 척이 있는 것을 보시니 어부들은 배에서 나와서 그
　물을 씻는지라
3 예수께서 한 배에 오르시니 그 배는 시몬의 배라 육지에서 조금 떼
　기를 청하시고 앉으사 배에서 무리를 가르치시더니
4 말씀을 마치시고 시몬에게 이르시되 깊은 데로 가서 그물을 내려
　고기를 잡으라
5 시몬이 대답하여 이르되 선생님 우리들이 밤이 새도록 수고하였으되
　잡은 것이 없지마는 말씀에 의지하여 내가 그물을 내리리이다 하고
6 그렇게 하니 고기를 잡은 것이 심히 많아 그물이 찢어지는지라
7 이에 다른 배에 있는 동무들에게 손짓하여 와서 도와 달라 하니 그
　들이 와서 두 배에 채우매 잠기게 되었더라
8 시몬 베드로가 이를 보고 예수의 무릎 아래에 엎드려 이르되 주여
　나를 떠나소서 나는 죄인이로소이다 하니
9 이는 자기 및 자기와 함께 있는 모든 사람이 고기 잡힌 것으로 말미
　암아 놀라고
10 세베대의 아들로서 시몬의 동업자인 야고보와 요한도 놀랐음이라
　예수께서 시몬에게 이르시되 무서워하지 말라 이제 후로는 네가 사
　람을 취하리라 하시니
11 그들이 배들을 육지에 대고 모든 것을 버려 두고 예수를 따르니라

1. 그물을 씻고 있는 베드로에게 찾아온 예수님은 그의 배에 올라 무리를 가
　르치신 후 베드로에게 무엇이라 명령하셨습니까?(1-4)

2. 베드로는 어떻게 응답했습니까? 그 이후에 어떤 일이 일어났습니까?(5-7)

3. 이런 일이 생긴 후에 베드로는 예수님 앞에 엎드려 무엇이라 말했습니까?(8)

4. 예수님이 베드로에게 하신 말씀은 무엇입니까? 베드로와 야고보와 요한은 어떻게 주님을 따랐습니까?(9-11)

•POINT•

예수님은 제자들에게 기적을 베푸셨습니다. 이것을 통해 예수님은 보통 선생이 아닌 구원자라는 사실을 보여주셨습니다. 놀라운 사건을 접한 제자들은 예수님의 제자가 되었습니다. 이들이 모두 즉각적으로 주님을 따른 것을 보면 제자의 자격이 충분히 있음을 볼 수 있습니다.

말씀과 공감하기

1. 예수님은 최고의 교사입니다. 어떤 점에서 그런지 말해 보고 세상의 다른
   스승들과 무엇이 다른지 이야기해 보십시오(참고, 마 11:28-30). 예수님을
   따른 제자들 역시 어떤 면에서 좋은 제자의 자격을 갖추었다고 볼 수 있
   습니까?(마 9:9, 16:16)

말씀
Tip

수고하고 무거운 짐 진 자들아 다 내게로 오라 내가 너희를 쉬게 하리라 나는 마
음이 온유하고 겸손하니 나의 멍에를 메고 내게 배우라 그리하면 너희 마음이
쉼을 얻으리니 이는 내 멍에는 쉽고 내 짐은 가벼움이라 하시니라(마 11:28-30)

시몬 베드로가 대답하여 이르되 주는 그리스도시요 살아 계신 하나님의 아들이
시니이다(마 16:16)

예수께서 그 곳을 떠나 지나가시다가 마태라 하는 사람이 세관에 앉아 있는 것
을 보시고 이르시되 나를 따르라 하시니 일어나 따르니라(마 9:9)

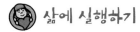 삶에 실행하기

1. 스승과 좋은 관계를 유지하기 위한 제자의 자세를 말해 보십시오.

실천을 위한 Tip

누가 나의 스승인가?

• 내 주변에 있는 스승은 누구인지 찾아 보십시오. 그리고 나는 스
  승과 어떤 관계인지 말해 보십시오. 스승의 좋은 점은 무엇이며
  스승을 통해 얻는 나의 유익은 무엇입니까?

  -학교에서
  -교회에서
  -가정에서
  -이웃에서

05

공동체

 마음열기

1. 사람은 혼자 살 수 없습니다. 왜 그런지 이야기해 보십시오. 나는 이웃에
   게 어떤 고마움을 갖고 있는지 서로 이야기해 보십시오.

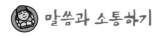
말씀과 소통하기

•고린도전서 12:14-27을 읽으세요.

14 몸은 한 지체뿐만 아니요 여럿이니

15 만일 발이 이르되 나는 손이 아니니 몸에 붙지 아니하였다 할지라도 이로써 몸에 붙지 아니한 것이 아니요

16 또 귀가 이르되 나는 눈이 아니니 몸에 붙지 아니하였다 할지라도 이로써 몸에 붙지 아니한 것이 아니니

17 만일 온 몸이 눈이면 듣는 곳은 어디며 온 몸이 듣는 곳이면 냄새 맡는 곳은 어디냐

18 그러나 이제 하나님이 그 원하시는 대로 지체를 각각 몸에 두셨으니

19 만일 다 한 지체뿐이면 몸은 어디냐

20 이제 지체는 많으나 몸은 하나라

21 눈이 손더러 내가 너를 쓸 데가 없다 하거나 또한 머리가 발더러 내가 너를 쓸 데가 없다 하지 못하리라

22 그뿐 아니라 더 약하게 보이는 몸의 지체가 도리어 요긴하고

23 우리가 몸의 덜 귀히 여기는 그것들을 더욱 귀한 것들로 입혀 주며 우리의 아름답지 못한 지체는 더욱 아름다운 것을 얻느니라 그런즉

24 우리의 아름다운 지체는 그럴 필요가 없느니라 오직 하나님이 몸을 고르게 하여 부족한 지체에게 귀중함을 더하사

25 몸 가운데서 분쟁이 없고 오직 여러 지체가 서로 같이 돌보게 하셨느니라

26 만일 한 지체가 고통을 받으면 모든 지체가 함께 고통을 받고 한 지체가 영광을 얻으면 모든 지체가 함께 즐거워하느니라

27 너희는 그리스도의 몸이요 지체의 각 부분이라

1. 공동체를 비유하는 몸의 특징은 무엇입니까?(14-17)

2. 하나님은 몸의 지체를 어떻게 구성했습니까?(18)

3. 몸에서 귀하고 아름다운 것은 무엇입니까?(21-23)

4. 건강한 공동체의 모습은 어떻습니까?(24-27)

교회 공동체는 살아 있는 그리스도의 몸입니다. 머리되신 그리스도를 중심으로 성도들이 지체로 연결되어 한 몸을 이루는 것입니다. 세상 사람들의 모임은 서로 연결된 생명이 없습니다. 자기의 유익을 위해서 모인 일시적인 모임이지만 교회는 영원히 계속되는 생명을 지닌 모임입니다.

말씀과 공감하기

1. 교회는 건물이 아닌 그리스도의 몸입니다. 살아 있는 유기적 공동체입니
   다. 교회는 세상 모임과 어떤 점에서 다른지 말해 보십시오.(참고, 롬 12:15-
   18; 엡 4:16)

말씀
Tip

즐거워하는 자들과 함께 즐거워하고 우는 자들과 함께 울라 서로 마음을 같이하
며 높은 데 마음을 두지 말고 도리어 낮은 데 처하며 스스로 지혜 있는 체 하지
말라 아무에게도 악을 악으로 갚지 말고 모든 사람 앞에서 선한 일을 도모하라
할 수 있거든 너희로서는 모든 사람과 더불어 화목하라(롬 12:15-18)

그에게서 온 몸이 각 마디를 통하여 도움을 받음으로 연결되고 결합되어 각 지
체의 분량대로 역사하여 그 몸을 자라게 하며 사랑 안에서 스스로 세우느니라
(엡 4:16)

삶에 실행하기

1. 내가 속한 공동체를 파괴시키는 것들은 무엇인지 이야기해 보십시오.

  -가정:

  -교회:

  -친구:

실천을 위한 Tip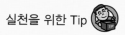

나에게 부족한 것은?

• 혼자의 힘으로는 건강하고 살아 있는 공동체를 이룰 수 없습니다. 우리는 한 몸을 이루는 지체이기에 서로 노력해야 합니다. 공동체를 이루는 데 나에게 부족한 것은 무엇입니까? (O표를 하십시오)

덕을 세운다(   )   다른 사람의 유익을 먼저 구한다(   )

배려한다(   )   나눈다(   )

공감한다(   )   소통한다(   )

경청한다(   )   인내한다(   )

나의 책임을 다한다(   )   절제한다(   )

06

섬김

 마음열기

1. 위의 그림을 읽고 느낀 점은 무엇입니까? 우리가 잘 섬기지 못하는 이유
   는 무엇입니까?

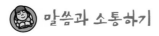

말씀과 소통하기

•마가복음 10:35-45을 읽으세요.

35 세베대의 아들 야고보와 요한이 주께 나아와 여짜오되 선생님이여 무엇이든지 우리가 구하는 바를 우리에게 하여 주시기를 원하옵나이다

36 이르시되 너희에게 무엇을 하여 주기를 원하느냐

37 여짜오되 주의 영광중에서 우리를 하나는 주의 우편에, 하나는 좌편에 앉게 하여 주옵소서

38 예수께서 이르시되 너희는 너희가 구하는 것을 알지 못하는도다 내가 마시는 잔을 너희가 마실 수 있으며 내가 받는 세례를 너희가 받을 수 있느냐

39 그들이 말하되 할 수 있나이다 예수께서 이르시되 너희는 내가 마시는 잔을 마시며 내가 받는 세례를 받으려니와

40 내 좌우편에 앉는 것은 내가 줄 것이 아니라 누구를 위하여 준비되었든지 그들이 얻을 것이니라

41 열 제자가 듣고 야고보와 요한에 대하여 화를 내거늘

42 예수께서 불러다가 이르시되 이방인의 집권자들이 그들을 임의로 주관하고 그 고관들이 그들에게 권세를 부리는 줄을 너희가 알거니와

43 너희 중에는 그렇지 않을지니 너희 중에 누구든지 크고자 하는 자는 너희를 섬기는 자가 되고

44 너희 중에 누구든지 으뜸이 되고자 하는 자는 모든 사람의 종이 되어야 하리라

45 인자가 온 것은 섬김을 받으려 함이 아니라 도리어 섬기려 하고 자기 목숨을 많은 사람의 대속물로 주려 함이니라

1. 야고보와 요한이 주님께 나아와 구한 내용은 무엇입니까?(35-37)

2. 예수님은 좌우편의 자리는 누구에게 예비된 것이라고 말씀하셨습니까?
   (38-40)

3. 야고보와 요한의 행동을 보고 다른 제자들이 화를 내자 예수님은 그들을
   불러서 무엇이라 말씀하셨습니까?(41-44)

4. 예수님은 자신을 섬김의 모델로 제시했는데 그 내용은 무엇입니까?(45)

•POINT•

누구든지 성공하려고 합니다. 그런데 세상적인 성공 방법은 다른 사람을 지배하는
특징을 갖고 있습니다. 그것은 진정한 리더의 모습이 아닙니다. 그리스도인은 섬기는
리더십을 가져야 합니다. 얼마나 사람을 섬기는지에 따라 성공이 결정됩니다.

말씀과 공감하기

1. 왜 사람들은 다른 사람을 지배하기를 좋아합니까? 아울러 왜 섬기는 자
   가 진정한 리더가 될 수 있는지 이야기해 보십시오.(참고, 빌 2:6-8; 마
   25:40)

말씀
Tip

그는 근본 하나님의 본체시나 하나님과 동등됨을 취할 것으로 여기지 아니하시
고 오히려 자기를 비워 종의 형체를 가지사 사람들과 같이 되셨고 사람의 모양
으로 나타나사 자기를 낮추시고 죽기까지 복종하셨으니 곧 십자가에 죽으심이
라(빌 2:6-8)

임금이 대답하여 이르시되 내가 진실로 너희에게 이르노니 너희가 여기 내 형제
중에 지극히 작은 자 하나에게 한 것이 곧 내게 한 것이니라 하시고(마 25:40)

삶에 실행하기

1. 섬김의 사람이 되기 위해서는 평소에 어떤 훈련을 해야 합니까?

실천을 위한 Tip

• 섬김의 모델로 본받을 만한 사람을 아는 대로 이야기해 보십시오.
  이번 주에 섬길 사람은 누구이며 또 어떻게 섬길 수 있는지 이야
  기해 보십시오.

  -섬김의 모델:
  -섬길 사람:
  -섬김의 방법:
  -섬김의 시기:

07

유행

 마음열기

1. 내가 갖고 있는 물건 중에 유행에 관계된 것을 말해 보십시오.

2. 왜 사람들은 새로운 유행을 좋아합니까?

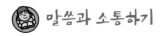
말씀과 소통하기

•전도서 1:1-11을 읽으세요.

1 다윗의 아들 예루살렘 왕 전도자의 말씀이라
2 전도자가 이르되 헛되고 헛되며 헛되고 헛되니 모든 것이 헛되도다
3 해 아래에서 수고하는 모든 수고가 사람에게 무엇이 유익한가
4 한 세대는 가고 한 세대는 오되 땅은 영원히 있도다
5 해는 뜨고 해는 지되 그 떴던 곳으로 빨리 돌아가고
6 바람은 남으로 불다가 북으로 돌아가며 이리 돌며 저리 돌아 바람
   은 그 불던 곳으로 돌아가고
7 모든 강물은 다 바다로 흐르되 바다를 채우지 못하며 강물은 어느
   곳으로 흐르든지 그리로 연하여 흐르느니라
8 모든 만물이 피곤하다는 것을 사람이 말로 다 말할 수는 없나니 눈
   은 보아도 족함이 없고 귀는 들어도 가득 차지 아니하도다
9 이미 있던 것이 후에 다시 있겠고 이미 한 일을 후에 다시 할지라 해
   아래에는 새 것이 없나니
10 무엇을 가리켜 이르기를 보라 이것이 새 것이라 할 것이 있으랴 우
   리가 있기 오래 전 세대들에도 이미 있었느니라
11 이전 세대들이 기억됨이 없으니 장래 세대도 그 후 세대들과 함께
   기억됨이 없으리라

1. 세상 일에 대한 전도자의 결론은 무엇입니까?(1-3)

2. 이 세상이 돌아가는 모습을 한 마디로 정리한다면 무엇입니까?(4-7)

3. 모든 만물이 피곤한 이유가 무엇입니까? 해 아래 있는 모든 것은 어떤 특징을 가지고 있습니까?(8-9)

4. 전도자는 세상에 새 것이 없다고 말합니다. 그 이유는 무엇입니까?(10-11)

•POINT•

세상은 날마다 새로운 것을 추구합니다. 새로운 날, 새해, 새 옷, 새 집, 새 물건 등 모두가 새것을 좋아합니다. 하지만 그것들은 반복되는 것입니다. 본래 있었던 것을 조금씩 변화시키는 것이지 결코 새로운 것이 아닙니다.

말씀과 공감하기

1. 우리가 사는 세상은 날마다 새롭게 달라집니다. 그것을 유행이라고 말합
   니다. 유행에 대한 성경적인 생각을 정리해 보십시오. 아울러 세상의 유행
   을 따를 때 발생하는 문제점은 무엇인지 말해 보십시오.(참고, 전 12:8; 벧전
   1:24)

모든 만물이 피곤하다는 것을 사람이 말로 다 말할 수는 없나니 눈은 보아도 족
함이 없고 귀는 들어도 가득 차지 아니하도다(전 12:8)

모든 육체는 풀과 같고 그 모든 영광은 풀의 꽃과 같으니 풀은 마르고 꽃은 떨어
지되(벧전 1:24)

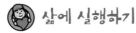 **삶에 실행하기**

1. 나는 유행을 따라가는 사람입니까, 변하지 않는 진리를 따라 사는 사람입니까? 유행을 따르지 않고 변하지 않는 진리를 따라 살기 위한 나의 지침을 말해 보십시오.

실천을 위한 Tip

나의 유행 민감도

• 생활 속에서 유행에 집착하거나 나에게 그런 성향이 있다면 무엇인지 말해 보십시오. 내가 가장 먼저 버려야 할 습관이 있다면 무엇입니까?

-언어:

-옷:

-휴대전화:

-신발:

-가방:

-머리:

08

인기

 마음열기

1. 왜 사람들은 인기를 얻으려고 합니까?

2. 인기의 위험한 점은 무엇입니까?

3. 얻은 인기를 긍정적으로 사용하는 방법은 무엇입니까?

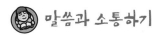

말씀과 소통하기

•사무엘상 18:6-16을 읽으세요.

6 무리가 돌아올 때 곧 다윗이 블레셋 사람을 죽이고 돌아올 때에 여
   인들이 이스라엘 모든 성읍에서 나와서 노래하며 춤추며 소고와 경
   쇠를 가지고 왕 사울을 환영하는데
7 여인들이 뛰놀며 노래하여 이르되 사울이 죽인 자는 천천이요 다윗
   은 만만이로다 한지라
8 사울이 그 말에 불쾌하여 심히 노하여 이르되 다윗에게는 만만을 돌
   리고 내게는 천천만 돌리니 그가 더 얻을 것이 나라 말고 무엇이냐
   하고
9 그 날 후로 사울이 다윗을 주목하였더라
10 그 이튿날 하나님께서 부리시는 악령이 사울에게 힘 있게 내리매
   그가 집 안에서 정신 없이 떠들어대므로 다윗이 평일과 같이 손으로
   수금을 타는데 그 때에 사울의 손에 창이 있는지라
11 그가 스스로 이르기를 내가 다윗을 벽에 박으리라 하고 사울이 그
   창을 던졌으나 다윗이 그의 앞에서 두 번 피하였더라
12 여호와께서 사울을 떠나 다윗과 함께 계시므로 사울이 그를 두려워
   한지라
13 그러므로 사울이 그를 자기 곁에서 떠나게 하고 그를 천부장으로 삼
   으매 그가 백성 앞에 출입하며
14 다윗이 그의 모든 일을 지혜롭게 행하니라 여호와께서 그와 함께 계
   시니라
15 사울은 다윗이 크게 지혜롭게 행함을 보고 그를 두려워하였으나
16 온 이스라엘과 유다는 다윗을 사랑하였으니 그가 자기들 앞에 출입
   하기 때문이었더라

1. 사울과 다윗이 적군인 블레셋 사람을 죽이고 돌아올 때 여인들이 어떻게 환영했습니까?(6-7)

2. 사울은 여인들의 소리를 듣고 다윗에 대해 어떻게 반응했습니까?(8-9)

3. 이 일이 있은 후에 사울은 다윗을 어떻게 대했습니까?(10-13)

4. 사울의 공격을 받은 다윗은 어떻게 행동했습니까? 그런 다윗을 사울은 어떻게 대했습니까?(14-16)

•POINT•

백성이 사울보다 다윗을 더 칭송하자 사울은 인기가 더 많은 다윗을 시기하여 그를 죽이려고 했습니다. 더 높아지려는 사울은 결국 나중에 그 시기심으로 패망하게 됩니다. 그러나 다윗은 인기보다 하나님을 더 생각했기에 겸손히 사울을 존중하며 지혜롭게 행했습니다. 인기는 오래가지 못하고 언젠가는 시듭니다. 진정한 인기는 하나님이 높여 주는 것입니다.

말씀과 공감하기

1. 사울은 왕이었음에도 부하 다윗이 인기가 더 높아지자 그를 죽이려 합니
   다. 그렇지만 다윗은 하나님이 함께하셨기에 지혜롭게 행할 수 있었습니
   다. 다윗이 지혜롭게 행했다는 것은 구체적으로 어떻게 행했음을 의미하
   는지 말해 보십시오.(참고, 잠 18:12; 시 145:18; 약 4:8; 고전 1:31)

사람의 마음의 교만은 멸망의 선봉이요 겸손은 존귀의 길잡이니라(잠 18:12)

여호와께서는 자기에게 간구하는 모든 자 곧 진실하게 간구하는 모든 자에게 가
까이 하시는도다(시 145:18)

하나님을 가까이하라 그리하면 너희를 가까이하시리라 죄인들아 손을 깨끗이
하라 두 마음을 품은 자들아 마음을 성결하게 하라(약 4:8)

기록된 바 자랑하는 자는 주 안에서 자랑하라 함과 같게 하려 함이라(고전 1:31)

삶에 실행하기

1. 우리 주위의 인기 있는 사람들은(연예인, 친구) 누구인지 말해 보십시오.
   왜 그들은 인기가 있다고 생각합니까? 세상의 인기만 믿다가 낭패당한 경
   우를 알고 있으면 말해 보십시오.

실천을 위한 Tip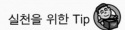

 이럴 때 나는 어떻게 할까?

• 다음의 경우에 나는 어떻게 반응할지 말해 보십시오.

 -어느날 자고 일어나 보니 하루아침에 내가 유명인사가 되어 인기가 높
  아졌다.
   (   )

 -친한 친구가 나보다 더 인기가 높아졌다.
   (   )

09

정직

 마음열기

에이브러햄 링컨의 이야기

매디슨 채럿 교수의 이야기

1. 위의 이야기를 듣고 현재 나에게 정직하지 못한 부분은 무엇이며, 왜 부정
   직하게 생활하는지 이유를 말해 보십시오.
   -가정에서:
   -학교에서:
   -친구 관계에서:
   -이웃과 사회 속에서:

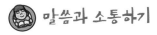 **말씀과 소통하기**

• 요한복음 8:44-47을 읽으세요.

44 너희는 너희 아비 마귀에게서 났으니 너희 아비의 욕심대로 너희도
행하고자 하느니라 그는 처음부터 살인한 자요 진리가 그 속에 없으
므로 진리에 서지 못하고 거짓을 말할 때마다 제 것으로 말하나니
이는 그가 거짓말쟁이요 거짓의 아비가 되었음이라

45 내가 진리를 말하므로 너희가 나를 믿지 아니하는도다

46 너희 중에 누가 나를 죄로 책잡겠느냐 내가 진리를 말하는데도 어
찌하여 나를 믿지 아니하느냐

47 하나님께 속한 자는 하나님의 말씀을 듣나니 너희가 듣지 아니함은
하나님께 속하지 아니하였음이로다

1. 마귀의 특징은 무엇입니까?(44)

2. 마귀의 자녀는 진리에 대해서 어떤 반응을 합니까?(45)

3. 예수님이 진리를 말함에도 사람들은 어떻게 했습니까?(46)

4. 우리가 하나님께 속하였음을 무엇으로 알 수 있습니까?(47)

이 세상은 진리와 거짓의 싸움입니다. 거짓은 사탄이 행하는 일이고 진리는 하나님의 일입니다. 거짓은 진리 안에 서야 이길 수 있습니다. 진리 안에 서면 거짓은 떠나게 되고 우리와 함께하지 않습니다. 둘이 서로 공존하는 법은 없습니다. 언제나 둘 중에 하나입니다.

말씀과 공감하기

1. 거짓은 마귀의 속성입니다. 마귀는 늘 거짓을 행합니다. 그럼에도 사람들은 사탄의 주특기인 거짓말을 자주 하고 정직하지 못한 행동을 합니다. 왜 그렇다고 생각합니까? 정직하기 위한 방안을 찾아 보십시오.(참고, 렘 17:9-10; 골 3:9-10; 딤전 4:2; 요 14:6)

만물보다 거짓되고 심히 부패한 것은 마음이라 누가 능히 이를 알리요마는 나 여호와는 심장을 살피며 폐부를 시험하고 각각 그의 행위와 그의 행실대로 보응하나니(렘 17:9-10)

너희가 서로 거짓말을 하지 말라 옛 사람과 그 행위를 벗어버리고 새 사람을 입었으니 이는 자기를 창조하신 이의 형상을 따라 지식에까지 새롭게 하심을 입은 자니라(골 3:9-10)

자기 양심이 화인을 맞아서 외식함으로 거짓말하는 자들이라(딤전 4:2)

예수께서 이르시되 내가 곧 길이요 진리요 생명이니 나로 말미암지 않고는 아버지께로 올 자가 없느니라(요 14:6)

삶에 실행하기

1. 나는 얼마나 정직하게 삽니까? 정직하게 살다가 손해 본 일이 있으면 이
   야기해 보십시오. 정직한 삶을 살기 위한 가장 큰 걸림돌은 무엇입니까?

실천을 위한 Tip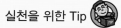

 정직하십니까?

• 인생을 살면서 어느 때에 정직하지 못합니까? 정직한 삶을 살기
  위한 나의 해결 방안을 찾아 보십시오.

 -가정에서:

 -학교에서:

 -친구 관계에서:

 -교회에서:

10

선교

 마음열기

1. 위의 만화를 읽고 나에게 도전되는 내용을 말해 보십시오.

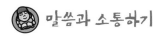

말씀과 소통하기

• 사도행전 1:6-11을 읽으세요.

6 그들이 모였을 때에 예수께 여쭈어 이르되 주께서 이스라엘 나라를
회복하심이 이 때니이까 하니

7 이르시되 때와 시기는 아버지께서 자기의 권한에 두셨으니 너희가
알 바 아니요

8 오직 성령이 너희에게 임하시면 너희가 권능을 받고 예루살렘과 온
유대와 사마리아와 땅 끝까지 이르러 내 증인이 되리라 하시니라

9 이 말씀을 마치고 그들이 보는데 올려져 가시니 구름이 그를 가
리어 보이지 않게 하더라

10 올라가실 때에 제자들이 자세히 하늘을 쳐다보고 있는데 흰 옷 입
은 두 사람이 그들 곁에 서서

11 이르되 갈릴리 사람들아 어찌하여 서서 하늘을 쳐다보느냐 너희 가
운데서 하늘로 올려지신 이 예수는 하늘로 가심을 본 그대로 오시
리라 하였느니라

1. 예수님이 부활하신 후에 제자들이 예수님에게 궁금한 것을 물었는데 그
내용은 무엇입니까?(6)

2. 예수님의 대답은 무엇입니까?(7)

3. 예수님의 증인은 인간의 노력만으로 되는 것이 아닙니다. 증인이 되기 위
   해 필요한 것은 무엇입니까?(8)

4. 부활하신 예수님은 나중에 어떻게 오십니까?(9-11)

•POINT•

그리스도인의 삶은 복음을 전하기 위해서 존재합니다. 선교는 이 세상에서 가장 가
치 있는 일이기 때문입니다. 선교는 전도를 포함한 넓은 의미의 단어입니다. 어떤 일
이든지 주를 전하고자 하는 목표를 가졌다면 그것은 선교가 됩니다. 물론 그 일은 악
한 것이 아닌 선한 일이어야 합니다.

말씀과 공감하기

1. 선교는 예수님의 증인이 되는 삶을 사는 것입니다. 선교란 구체적으로 무
   엇을 말하는지 이야기해 보고 왜 선교가 그토록 중요한지도 함께 말해 보
   십시오.(참고, 마 6:33; 고후 2:14; 고전 9:16)

너희는 먼저 그의 나라와 그의 의를 구하라 그리하면 이 모든 것을 너희에게 더
하시리라(마 6:33)

항상 우리를 그리스도 안에서 이기게 하시고 우리로 말미암아 각처에서 그리스
도를 아는 냄새를 나타내시는 하나님께 감사하노라(고후 2:14)

내가 복음을 전할지라도 자랑할 것이 없음은 내가 부득불 할 일이라 만일 복음
을 전하지 아니하면 내게 화가 있을 것이로다(고전 9:16)

삶에 실행하기

1. 나는 지금 무엇에 관심을 갖고 살아갑니까? 내 주변에 예수님을 전해야
   할 사람은 누구인지 말해 보십시오. 그리고 어떻게 전도해야 할지 방법을
   말해 보십시오.

실천을 위한 Tip

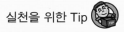 나의 선교지는?

• 내가 있는 모든 곳이 선교지입니다. 내 주변에 아직도 복음을 알
  지 못하는 사람이 많이 있습니다. 가장 먼저 다가서서 복음을 전
  해야 할 대상자는 누구라고 생각합니까?

  -가족 중에서:
  -학교에서:
  -친구 중에서: